머리가 좋아지는 두뇌 트레이닝

# 명화 미로찾기 클래식

MAZE _db 지음

보누스

## 미로찾기를 시작하기 전에 잠시 읽어주세요

• 미로를 풀기 전에 명화 미로를 감상해 보세요. 명화를 보며 느껴지는 기분, 떠오른 생각에 집중해 보세요.
  나를 돌아보게 하고 감정을 살펴줄 거예요.
• 각 미로에는 노란색 점과 파란색 점이 있습니다. 둘 중 어느 점에서 출발해도 좋아요. 한 점에서 시작해 다른 점에 도착하면 됩니다.
• 쉬운 미로와 어려운 미로가 섞여 있습니다. 따라서 미로를 풀 때는 꼭 앞에서부터 순서대로 풀지 않아도 됩니다.
  눈길을 사로잡는 명화가 있다면 그 미로부터 풀어도 괜찮습니다.
• 미로 중 아랫길과 윗길이 교차하는 경우에는 아랫길을 어둡게 색칠했어요. 아랫길과 윗길을 쉽게 구분할 수 있을 거예요.
• 길을 찾다가 헤매게 된다면 잠시 쉬는 시간을 가진 다음 다시 도전해 보세요. 이전에 보이지 않던 길을 쉽게 찾을 수도 있어요.
• 명화 미로를 즐기는 방법은 다양합니다. 길을 찾은 다음 색칠해 나만의 작품으로 만들거나 명화 속 이야기를 상상해 보는 것도 좋아요.
  내게 맞는 방법을 찾아보세요.
• 해답 면에 원작품의 정보를 같이 실었어요. 원작품, 제목, 작가 이름, 제작 연도, 제작 기법, 크기(cm), 소장처를 표기했습니다.
  명화 원작품을 미로로 어떻게 재구성했는지 비교해 볼 수 있어요.

# 이 책에 수록된 작품

**아이들과 끈**

이중섭, 1955년

**민중을 이끄는 자유의 여신**
외젠 들라크루아, 1830년

아스니에르에서의 물놀이

조르주 쇠라, 1884년

**남자 머리의 역동성**
움베르토 보치오니, 1913년

큰 모자를 쓴 잔 에뷔테른
아메데오 모딜리아니, 1918년~1919년

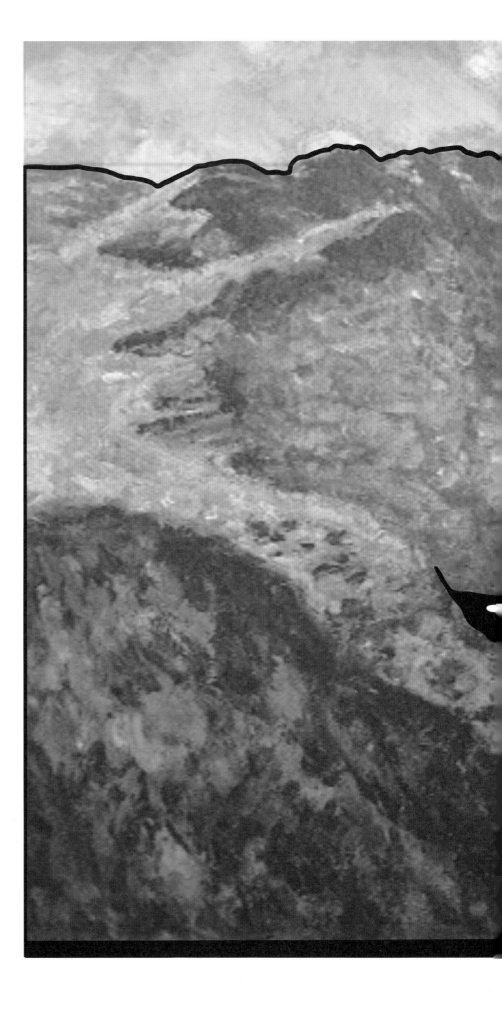

**아발의 절벽, 에트레타**
클로드 모네, 1885년

**프랑스의 휴식**
오노레 도미에, 1834년

무용 경연

에드가 드가, 1878년

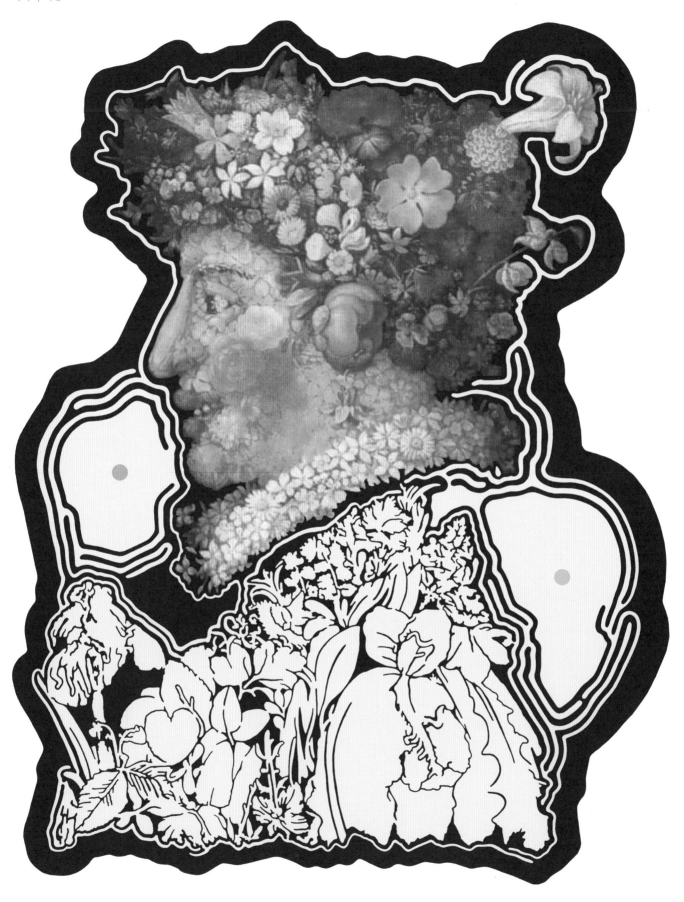

봄
주세페 아르침볼도, 1573년

비너스의 탄생

산드로 보티첼리, 1485년

**붉은 터번을 한 남자의 초상**
얀 반 에이크, 1433년

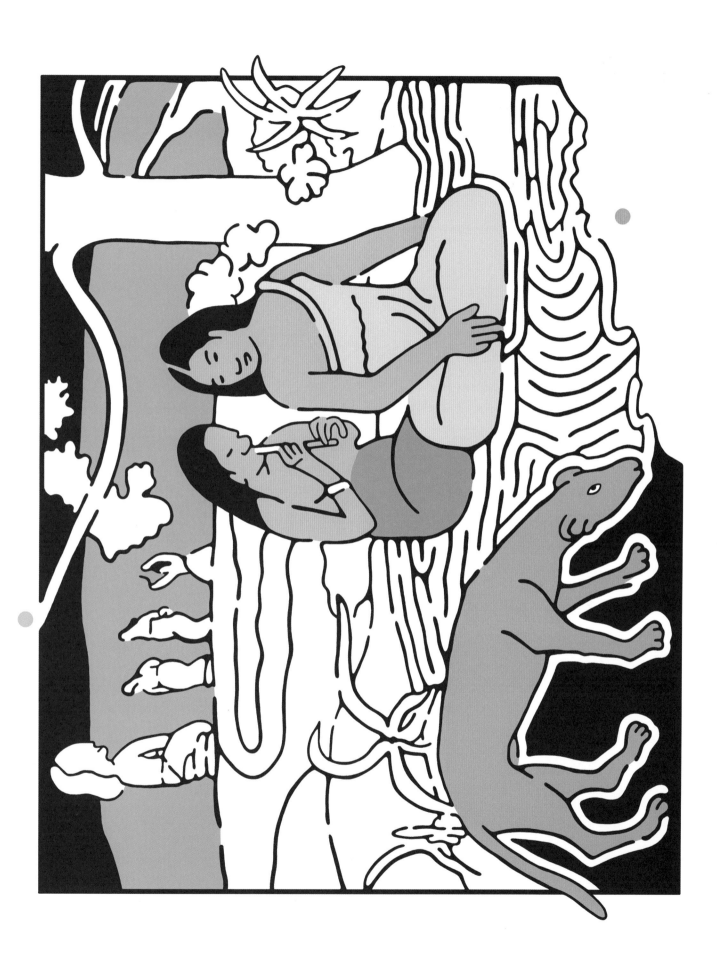

아레아레아(기쁨)

폴 고갱, 1892년

**마드모아젤 에그랑틴 무용단**
앙리 드 툴루즈로트레크, 1895년

**무대 위의 무용수**
에드가 드가, 1878년

**풀밭 위의 점심 식사**
에두아르 마네, 1863년

**청기사파 연감 표지를 위한 습작**
바실리 칸딘스키, 1911년

**사진을 예술의 경지로 끌어올린 나다르**
오노레 도미에, 1862년

**붉은색의 조화**
앙리 마티스, 1908년

**아담의 창조**
미켈란젤로 부오나로티, 1511년~1512년

**음악**

앙리 마티스, 1939년

**송하맹호도**
김홍도, 18세기

**갈라테이아의 승리**

라파엘로 산치오, 1511년

**모나리자**
레오나르도 다빈치, 1503~1506년

**이삭 줍는 사람들**
장 프랑수아 밀레, 1857년

**최후의 만찬**
레오나르도 다빈치, 1495~1498년

**빨간 수건을 두른 남성 누드**
에곤 실레, 1914년

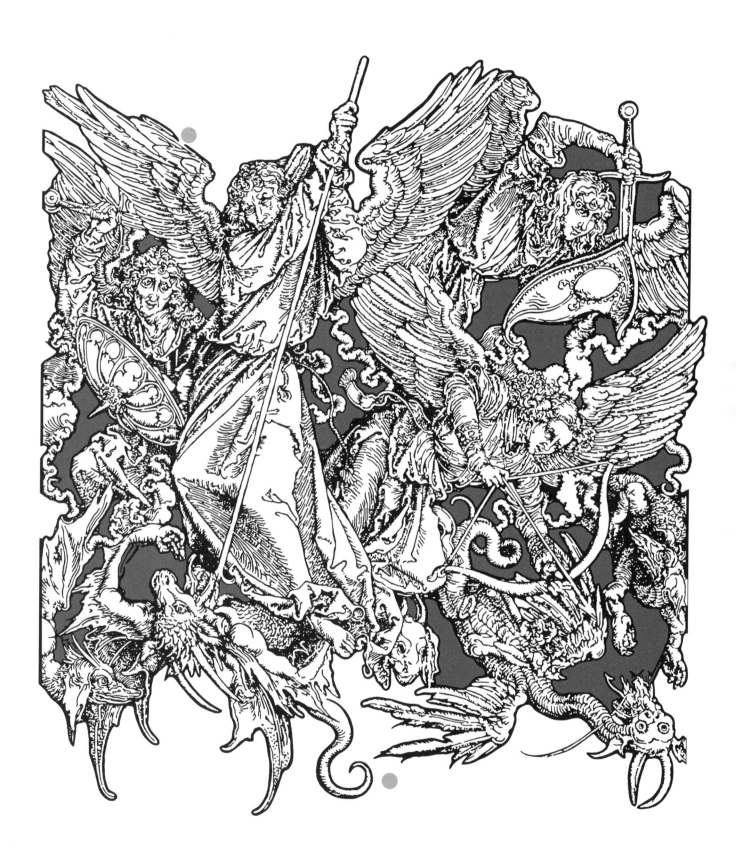

용과 싸우는 성 미카엘
알브레히트 뒤러, 1498년

**타히티의 여인들**
폴 고갱, 1891년

**휴식**

카지미르 말레비치, 1908년

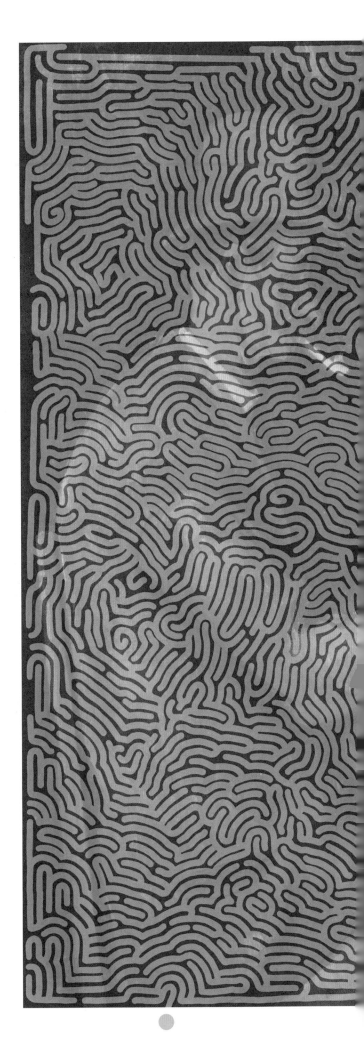

**카드놀이 하는 사람들**
폴 세잔, 1890~1895년

**피리 부는 소년**
에두아르 마네, 1866년

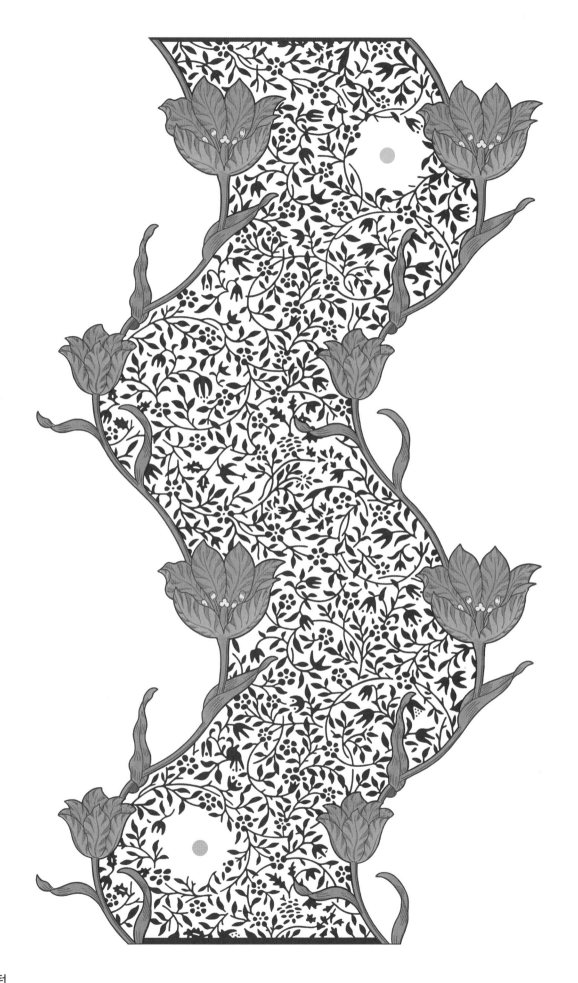

**튤립 패턴**

윌리엄 모리스, 1885년

**데이지 꽃과 여인**
알폰스 무하, 1900년

**오송빌 백작부인**
장 오귀스트 도미니크 앵그르, 1845년

붉은 물고기와 고양이

앙리 마티스, 1914년

**자화상**
빈센트 반 고흐, 1889년

**벌새와 가시목걸이를 한 자화상**

프리다 칼로, 1940년

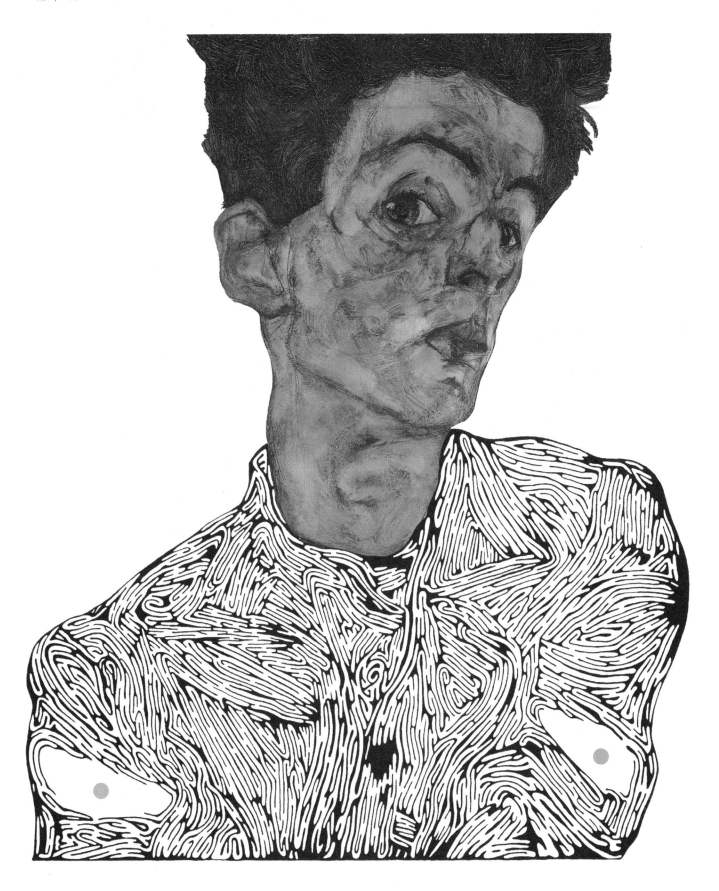

**꽈리열매가 있는 자화상**
에곤 실레, 1912년

**피에타**
미켈란젤로 부오나로티, 1498~1499년

**여름날**
메리 커셋, 1893년

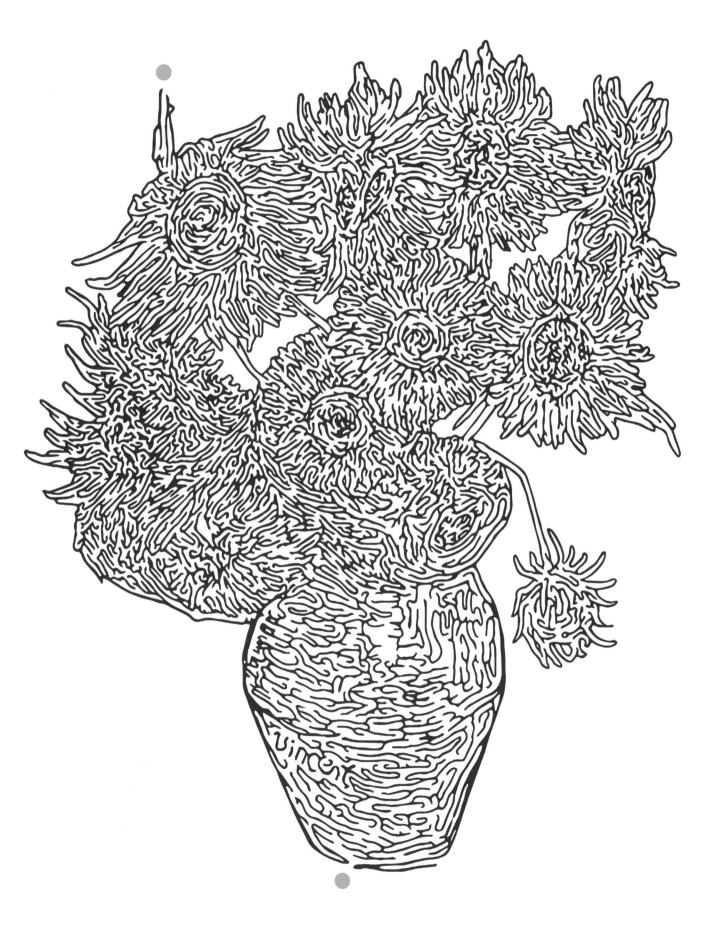

해바라기
빈센트 반 고흐, 1888년

금강사군첩—만물초
김홍도, 1788년

4쪽 | 아이들과 끈

**아이들과 끈**
이중섭, 1955년, 종이에 수채, 19×26.5, 이중섭미술관, 한국

**민중을 이끄는 자유의 여신**
외젠 들라크루아, 1830년, 캔버스에 유채, 260×325, 루브르박물관, 프랑스

**아스니에르에서의 물놀이**
조르주 쇠라, 1884년, 캔버스에 유채, 201×300, 런던 내셔널갤러리, 영국

**남자 머리의 역동성**
움베르토 보치오니, 1913년, 캔버스에 유채, 잉크, 30×30, 개인 소장

**큰 모자를 쓴 잔 에뷔테른**
아메데오 모딜리아니, 1918~1919년, 캔버스에 유채, 54×37.5, 개인 소장

**아발의 절벽, 에트레타**
클로드 모네, 1885년, 캔버스에 유채, 65.5×91.7, 이스라엘 박물관, 이스라엘

**프랑스의 휴식**
오노레 도미에, 1834년, 석판화, 27.9×36.1, 워싱턴 국립미술관, 미국

**무용 경연**
에드가 드가, 1880년, 종이에 파스텔과 숯, 62.2×45.7, 덴버 아트뮤지엄, 미국

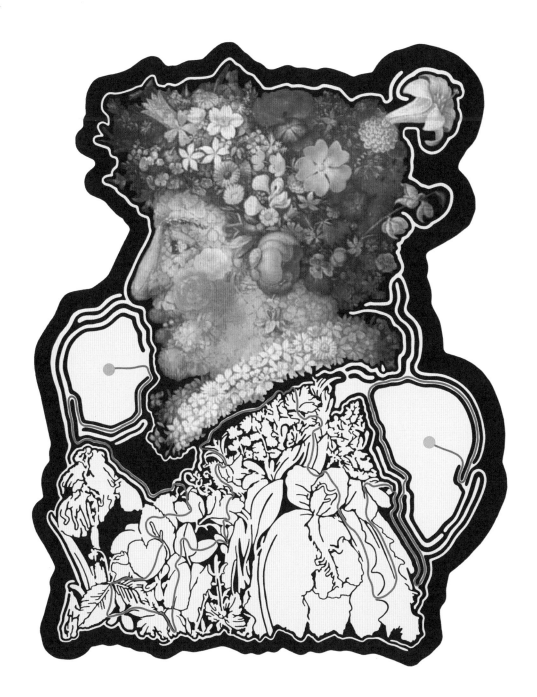

**봄**
주세페 아르침볼도, 1573년, 캔버스에 유채, 76×64, 루브르박물관, 프랑스

비너스의 탄생
산드로 보티첼리, 1485년, 캔버스에 템페라, 172.5×278.5,
우피치미술관, 이탈리아

**비너스의 탄생**
산드로 보티첼리, 1485년, 캔버스에 템페라, 172.5×278.5,
우피치미술관, 이탈리아

**붉은 터번을 한 남자의 초상**
얀 반 에이크, 1433년, 캔버스에 유채, 25.5×19, 런던 내셔널갤러리, 영국

**아레아레아(기쁨)**
폴 고갱, 1892년, 캔버스에 유채, 74.5×93.5, 오르세미술관, 프랑스

**마드모아젤 에그랑틴 무용단**
앙리 드 툴루즈로트레크, 1895년, 석판화, 62.1×80, 메트로폴리탄미술관, 미국

**무대 위의 무용수**
에드가 드가, 1878년, 종이에 모노타이프와 파스텔, 58.4×42, 오르세미술관, 프랑스

**풀밭 위의 점심 식사**
에두아르 마네, 1863년, 캔버스에 유채, 207×265, 오르세미술관, 프랑스

**청기사파 연감 표지를 위한 습작**
바실리 칸딘스키, 1911년, 종이에 수채, 구아슈, 먹물, 29×21, 퐁피두센터, 프랑스

**사진을 예술의 경지로 끌어올린 나다르**
오노레 도미에, 1862년, 석판화, 44.5×31, 클라크미술관, 미국

**붉은색의 조화**
앙리 마티스, 1908년, 캔버스에 유채, 180×220, 에르미타슈미술관, 러시아

**아담의 창조**
미켈란젤로 부오나로티, 1511~1512년, 프레스코 벽화, 280×570,
바티칸미술관 시스티나성당, 이탈리아

**음악**
앙리 마티스, 1939년, 캔버스에 유채, 115.2×115.2, 올브라이트녹스미술관, 미국

**송하맹호도**
김홍도, 18세기, 비단에 수묵담채, 90.4×43.8, 호암미술관, 한국

**갈라테이아의 승리**
라파엘로 산치오, 1511년, 프레스코화, 55.7×41.8, 빌라 파르네시나 미술관, 이탈리아

**모나리자**
레오나르도 다빈치, 1503~1506년, 패널에 유채, 77×53, 루브르박물관, 프랑스

**이삭 줍는 사람들**
장 프랑수아 밀레, 1857년, 캔버스에 유채, 83.5×110, 오르세미술관, 프랑스

최후의 만찬
레오나르도 다빈치, 1495~1498년, 회벽에 유채, 템페라,
460×880, 산타 마리아 델레 그라치에성당, 이탈리아

**최후의 만찬**
레오나르도 다빈치, 1495~1498년, 회벽에 유채, 템페라,
460×880, 산타 마리아 델레 그라치에성당, 이탈리아

**빨간 수건을 두른 남성 누드**
에곤 실레, 1914년, 종이에 연필과 수채 및 템페라, 48×32, 알베르티나미술관, 오스트리아

**용과 싸우는 성 미카엘**
알브레히트 뒤러, 1498년, 목판화, 39.5×28.5, 워싱턴 국립미술관, 미국

**타히티의 여인들**
폴 고갱, 1891년, 캔버스에 유채, 69×91.5, 오르세미술관, 프랑스

**휴식**
카지미르 말레비치, 1908년, 판지에 유채, 수채, 구아슈, 23.8×30.2, 국립러시아박물관, 러시아

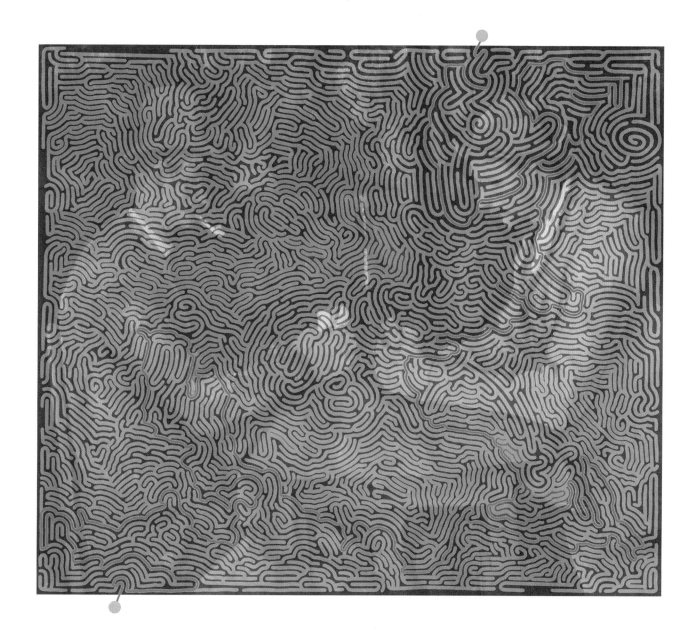

**카드놀이 하는 사람들**
폴 세잔, 1890~1895년, 캔버스에 유채, 46×56.5, 오르세미술관, 프랑스

**피리 부는 소년**
에두아르 마네, 1866년, 캔버스에 유채, 161×97, 오르세미술관, 프랑스

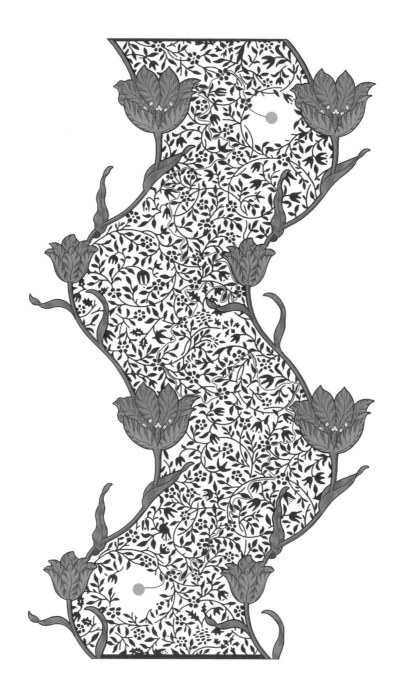

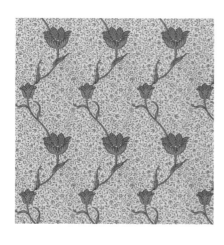

**튤립 패턴**
윌리엄 모리스, 1885년, 목판화 벽지, 53.2×50, 윌리엄모리스 갤러리, 영국

**데이지 꽃과 여인**
알폰스 무하, 1899~1900년, 면벨벳에 인쇄, 70.5×78.4, 볼티모어미술관, 미국

장 오귀스트 도미니크 앵그르, 1845년, 캔버스에 유채, 131.8×92.1, 프릭컬렉션, 미국

**오송빌 백작부인**
장 오귀스트 도미니크 앵그르, 1845년, 캔버스에 유채, 131.8×92.1, 프릭컬렉션, 미국

**붉은 물고기와 고양이**
앙리 마티스, 1914년, 캔버스에 유채, 99×81, 메트로폴리탄미술관, 미국

**자화상**
빈센트 반 고흐, 1889년, 캔버스에 유채, 65×54.2, 오르세미술관, 프랑스

**벌새와 가시목걸이를 한 자화상**
프리다 칼로, 1940년, 캔버스에 유채, 62.5×48, 텍사스대학교 해리 랜섬센터, 미국

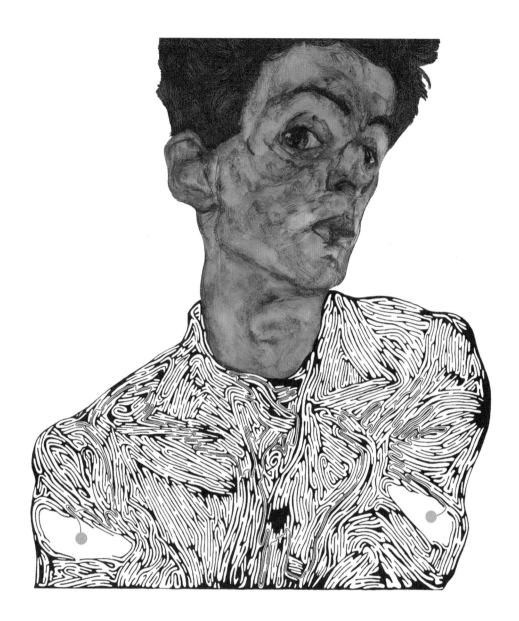

**꽈리열매가 있는 자화상**
에곤 실레, 1912년, 목판에 유채 및 불투명 물감, 32.4×40.2, 레오폴트미술관, 오스트리아

**피에타**
미켈란젤로 부오나로티, 1498~1499년, 석고, 175×195×87, 바티칸미술관, 이탈리아

**여름날**
메리 스티븐슨 커셋, 1894년, 캔버스에 유채, 73.7×96.5, 테라미술관, 미국(폐관)

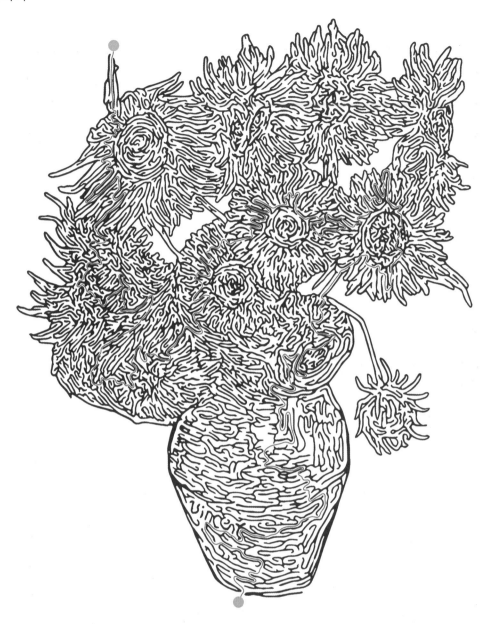

**해바라기**
빈센트 반 고흐, 1888년, 캔버스에 유채, 92×73, 런던 내셔널갤러리, 영국

김홍도, 1788년, 견본담채, 30×43.7, 개인 소장

**금강사군첩–만물초**
김홍도, 1788년, 견본담채, 30×43.7, 개인 소장

# 명화 미로찾기 클래식
## 머리가 좋아지는 두뇌 트레이닝

1판 1쇄 펴낸 날 2022년 10월 5일

지은이 MAZE_db(최동빈)
주간 안채원
책임편집 채선희
편집 윤대호, 이승미, 윤성하, 장서진
디자인 김수인, 김현주, 이예은
마케팅 함정윤, 김희진

펴낸이 박윤태
펴낸곳 보누스
등록 2001년 8월 17일 제313-2002-179호
주소 서울시 마포구 동교로12안길 31 보누스 4층
전화 02-333-3114
팩스 02-3143-3254
이메일 bonus@bonusbook.co.kr

ISBN 978-89-6494-578-0 13690

• 책값은 뒤표지에 있습니다.